VENTE DU MERCREDI 4 DÉCEMBRE 1872

De 1 h. 1/2 à 5 h. 1/2, et de 7 h. 1/2 à 11 h.

TABLEAUX

ANCIENS ET MODERNES

ARRIVANT EN PARTIE DE L'ÉTRANGER

Dessins, Aquarelles, Gouaches
et Pastels

EXPOSITION PUBLIQUE

Le Mardi 3 Décembre 1872, de deux heures à cinq heures

Me ROUSSEAU | M. GEOFFROY
COMM^{re}-PRISEUR | EXPERT
Rue Rossini, n° 2 | Rue Bourdaloue, n° 5

PARIS — 1872.

CATALOGUE

DE

TABLEAUX

ANCIENS ET MODERNES

Arrivant en partie de l'étranger

DESSINS, AQUARELLES, GOUACHES ET PASTELS

Miniatures, Bois sculptés, Faïences, Marbres, Porcelaines
Bronzes, Ivoires et Objets divers

DONT LA VENTE AUX ENCHÈRES PUBLIQUES AURA LIEU

HOTEL DROUOT, SALLE N° 3

Le Mercredi 4 Décembre 1872

A UNE HEURE ET DEMIE PRÉCISE

Par le ministère de M° **ROUSSEAU**, Commissaire-Priseur,
rue Rossini, 2,

Assisté de **M. GEOFFROY**, Expert, rue Bourdaloue, 5,

Chez lesquels se distribue le présent Catalogue.

EXPOSITION PUBLIQUE

Le Mardi 3 Décembre 1872, de 2 heures à 5 heures.

PARIS — 1872

CONDITIONS DE LA VENTE

Elle sera faite au comptant.

Les Acquéreurs paieront CINQ POUR CENT en sus des enchères, applicables aux frais de vente.

L'exposition mettant les Amateurs à même de se rendre compte de l'état des Tableaux et Objets divers, il ne sera admis aucune réclamation une fois l'adjudication prononcée.

DÉSIGNATION

DES

TABLEAUX

A. E.

1 — Marine : Gros temps.

ARTOIS (Van)

2 — Paysage.

AUGÉ (Signé)

3 — La Bouquetière.

BÉLINA (Signé)

4 — Intérieur de poulailler.

BERTAUX (J.)

5 — Paysage animé.

BILLOU (Signé)
6 — L'Attente.

BOUCHER (École de)
7 — La Vierge et Jésus.

CALAME (Signé A.)
8 — Ruines à Rome.

CANO (Signé Don Sébastien del)
9 — La Tête de Saint-Jean et une Épée déposées sur une table.

CARRÉ (Signé Soubiran)
10 — La Famille du prisonnier.

CASEY (Signé Daniel)
11 — Bacchante : l'Ivresse.
12 — Chevaux au vert.
13 — Mars et Vénus.
14 — Nymphe et Amour.

CATHELINEAU (Signé)
15 — Combat de taureaux.

CHABOD (Signé Émile)

16 — Bacchante endormie (Salon de 1869, n° 428).

CLÉRIAN (D'après Granet)

17 — Intérieur de la Basilique basse de Saint-François-d'Assise, à Assise ; elle est desservie par les religieux franciscains.

COMTE (Signé P.-C.)

18 — Marine : Environs de Naples.

COOMANS (Signé)

19 — La Toilette.

CORNILLON (Signé J.)

20 — Pêches.

CORNILLON (Signé J.)

21 — Fleurs des champs.

COROT (Signé)

22 — Paysage : Effet de matin.

CULVERHOUSE (Signé), 1862

23 — Coucher de Soleil : Patineurs.

DESPORTES (Signé François)

24 — Nature morte.

DIAZ (Attribué à)
(Signature illisible)

25 — Le Rendez-Vous.

DIAZ (Attribué à)

26 — La Leçon d'amour.

DIÉBOLT (Signé J.)

27 — Animaux au pâturage.

DIÉTRICH

28 — Embarquement de bestiaux.

DOW (D'après Gérard)

29 — La Marchande de Crêpes.

DUPLESSIS (J.-S.)

30 — Entrée en Hollande.
Tableau d'une grande finesse.

DUTILLOY (D'après Careau), signé

31 — Promenade à Trianon.

DUTILLOY (D'après Carreau), signé

32 — Pendant du précédent.

FONTANA (Signé)

33 — Paysage sous bois.

GABÉ (Signé)

34 — Récréation champêtre.

GALETTI (L.)

35 — Entrée de village.

GALETTO (Signé L.)

36 — Paysage avec moulin.

GÉRICAULT

37 — Intérieur d'écurie.

GIORDANO (Luc)

38 — Fuite en Égypte.

GREUZE

39 — Tête de jeune garçon.

GREUZE
40 — Portrait de Mlle Ledoux, son élève.

GUÉRIN (Signé)
41 — Portrait du comte de Chambord.

GUILLEMER (Signé)
42 — Paysage animé.

GUILLOT DE VILLEMONTÉE (Signé)
43 — Paysage animé.

HAGELSTEIN (Signé), 1853
44 — Hallebardiers en goguette.

HEEM (David de)
45 — Un Homard, Huîtres, Citrons, Fleurs, Fruits.

HUSSARD (L.-C.), 1838
46 — Fleurs et Fruits (Exposition de 1839).

HUSSARD (L.-C.)
47 — Pendant du précédent.

KRAUS (Signé)
48 — La Vision du berger.

KUWASSEG (Signé), fils
49 — Marine.

LARGILLIÈRE (Attribué à)
50 — Portrait d'homme.

LA CROIX (de Marseille)
51 — Marine.

LEDOUX (Mlle)
52 — La jeune Fille à l'agneau.

LE MOINE (François)
53 — Nymphe, Faune et Amour.

LENFANT DE METZ (Signé)
54 — Gardes-Françaises en permission.

LEPEYRE (Signé)
55 — Promenade sous bois.

LÉPICIÉ
56 — Le Désaccord.

LE PRINCE (J.-B.)
57 — Moïse sauvé des eaux.

LEPOITTEVIN (Signé E.-M.-E.)
58 — Paysage : Site montagneux.

LOO (Van)
59 — Son Portrait.

LOZANO (Signé I.), 1852
(Élève de Ingres.)
60 — La Sortie du Bain.
61 — La Contemplation (Pendant).

MARILHAT (Signé)
62 — Vue prise à Damiette.

MENNE (Signé)
63 — Cuivre et Oignons.

MENNE (Signé)
64 — Instruments de musique.

MIGNARD (École de)

65. — Allégorie. Louis XIV rentrant dans ses États après avoir chassé les hérétiques.

MIGNON (Signé)

66 — Fruits.

    Charmant tableau.

MONCHABOND

67 — Le Retour de Joseph (Esquisse).

MONFALLET (Signé)

68 — L'Artiste et son Modèle.

MONFALLET (Signé)

69 — Le Départ.

MOUIN (Signé A.-D.)

70 — Paysage.

MUSIN (Signé)

71 — Environs de Dieppe.

MUSIN (Signé)

72 — Marine : Effet de matin.

MUSIN (Signé)
73 — Marine : Effet de soir.

NATOIRE (Signé)
74 — Sujet tiré de l'Antique sacrée.

NOEL (Gustave)
75 — Lisière de forêt.

NOTTERMAN (Signé)
76 — Chiens.

PANNINI
77 — Palais, Ruines et Personnages.

PETIT (Signé)
78 — Paysage animé.

PIAZZETTA
79 — La Joie.

PIAZZETTA
80 — La Douleur.

POTÉMONT (Signé M.)
81 — Paysage animé.

POTÉMONT (Signé M.)

82 — Paysage animé.

PRUD'HON

83 — Les jolis petits Chiens.

RAIBOLINI (François)

84 — La Vierge, Jésus et saint Jean.

RAOUX

85 — Jeune Fille à sa fenêtre.

REMBRANDT

86 — Portrait de sa mère.

RENAUD (Signé)

87 — La Façade de l'église de Lisbonne.

RONSIN (Signé)

88 — Deux Dessus de portes, genre de Watteau.

SWEBACH, dit FONTAINE

89 — Bataille du Hainaut.

SWEBACH (Signé), dit FONTAINE

90 — Bataille de Jemmapes.

> Ces deux tableaux, peints sur toile, d'après Horace Vernet, rappellent sa manière.

TONY DE BERGUE (Signé)

91 — Marine : Port marchand.

VALLIN

92 — Tête de jeune fille.

VALLS (Signé)

93 — Paysage.

VERNET (Joseph)

94 — Le Coup de vent.

VELASQUEZ Don Diégo)

95 — Portrait de la sœur de Ferdinand d'Autriche.

VERNET (Signé Carle)

96 — Types militaires.

VERNET (Signé Carle)

97 — Pendant du précédent.

VINCELET (Initiales).
98 — Groupes de fleurs.

VINCELET (Initiales)
99 — Fleurs.

VOLLON (Signé A.)
100 — Fleurs.

WATTIER (Signé Émile)
101 — Les Délices de l'été.

WATTIER (Signé Émile)
102 — Le Sommeil d'Erigone.

ECOLE FRANÇAISE
103 — La Femme au carlin.
104 — Danaë.

ÉCOLE ITALIENNE
105 — Sainte Famille.

ÉCOLE ITALIENNE MODERNE
106 — La Vierge en admiration devant son divin Fils.

INCONNU

107 — Portrait de Charles I⁽ᵉʳ⁾.

Cuivre.

ÉCOLE FLAMANDE

108 — Sisara, général de Jabin, voyant ses troupes mises en déroute par Barac, se sauva dans la tente de Jahel, femme d'Haber le Cinéen. Elle feignit de le recevoir volontiers, et lui enfonça un clou dans la tempe tandis qu'il dormait.

DESSINS, AQUARELLES, GOUACHES ET PASTELS

109 — Adam (V.). Types militaires.
110 — Beaume. Le Printemps.
111 — Berghem. Le Passage du gué.
112 — Bernard. Portrait.
113 — Blondel (C.). Le Maquignon.
114 — Casey (Daniel). Intérieur.
115 — Id. Intérieur.
116 — Cicéri. Cour de ferme.
117 — Clérian. Le Rendez-Vous.
118 — Compte-Calix. Le Repos des bergers.
119 — Decamps. Le Montreur d'ours.
120 — Hubert-Robert. Ruines et Personnages.
121 — Id. Pendant du précédent.
122 — Largillière. Soirée d'été.
123 — Lebrun (Charles). Le Triomphe d'Alexandre.
124 — Netzcher (C.). Portrait.
125 — Pagès (Mlle). Son Portrait.
126 — Pittoni. L'Amour et Sylvie.

— 18 —

127 — Renaud. Vues du Caire.

128 — Id Pendant.

129 — Roberts (J.) et Adam (V.). Vue d'un château.

130 — Sureau (Henri). Les Bords de la Seine et son Pendant.

131 — Id. Les Bords de la Marne et son Pendant.

132 — Vernet (H.). Types militaires.

133 — Ecole française. Le jeune Dessinateur. Pastel sur peau d'agneau.

134 — Ecole italienne. Le Festin des dieux.

135 — Secto (Signé). Sous ce numéro, seront vendues diverses Terres cuites.

136 — Sous ce numéro, seront vendus les Tableaux, Miniatures, Bois sculptés, Verres de Venise, Faïences, Porcelaines, Pistolet, Poignard, Épée, Bronzes, Médailles, Terres cuites, Ivoire, Bijoux et Objets divers.

Renou et Maulde, imp i eurs de la Compagnie des Commissaires-Priseurs, rue de Rivoli, 144.

121 — Écran à vues brodées.
122 — Éventail.
123 — Boucles, un des trois types des anciens.
124 — Sceau-Bourse brodé de la Somme en Mylady.
125 — [illegible] broché à la Rose, en soie Fantaisie.
126 — Sceau-III, Type ancienne.
127 — Boîtes laquées, à 4 petites répétitions. Plat-let sur peau d'agneau.
128 — Boîtes laquées, les festin des dieux.
129 — Sacro-Saint, Sacro- [illegible] soierie [illegible] sous étiquette [illegible]

[illegible paragraph mentioning: Verres de Venise, Faïences, Porcelaines, Bristol, Faïences, [illegible], Bronzes, Médailles, Arme, outils, Ivoire, Bijoux et objets divers.]

RENOU ET MAULDE
IMPRIMEURS DE LA COMPAGNIE DES COMMISSAIRES-PRISEURS
Rue de Rivoli, 144

www.ingramcontent.com/pod-product-compliance
Lightning Source LLC
Chambersburg PA
CBHW070501080426
42451CB00025B/2966